D1687675

Das erste Tagebuch

von

_____

Storch, Storch Langbein
wann fliegst Du ins Land hinein?
und bringst dem Kind ein Brüderlein?
wenn der Roggen reifet, wenn der Frosch pfeifet,
wenn die roten Äppeln in der Kiste rappeln!
Ein Schwesterchen, hurra,
ein Schwesterchen ist da!
Nun wollen wir es schützen
vor Dieben und vor Blitzen!
Wir kochen ihm ein Süppchen,
wir schenken ihm ein Püppchen.
Wir wollen ihm im Leben,
all unsre Liebe geben!

Geburtsanzeige

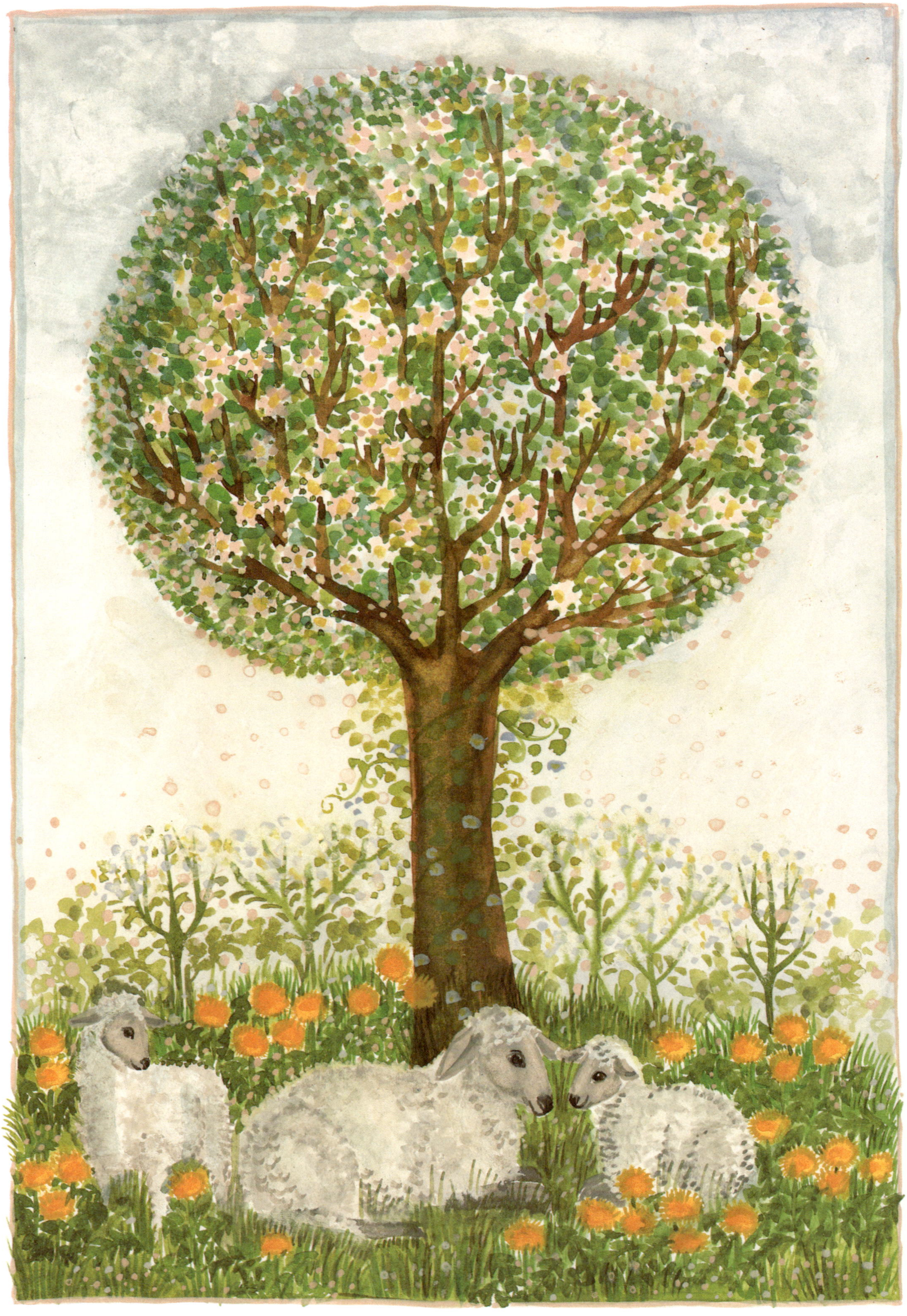

Die ersten Tage auf der Welt

Bilder und Tagebuch

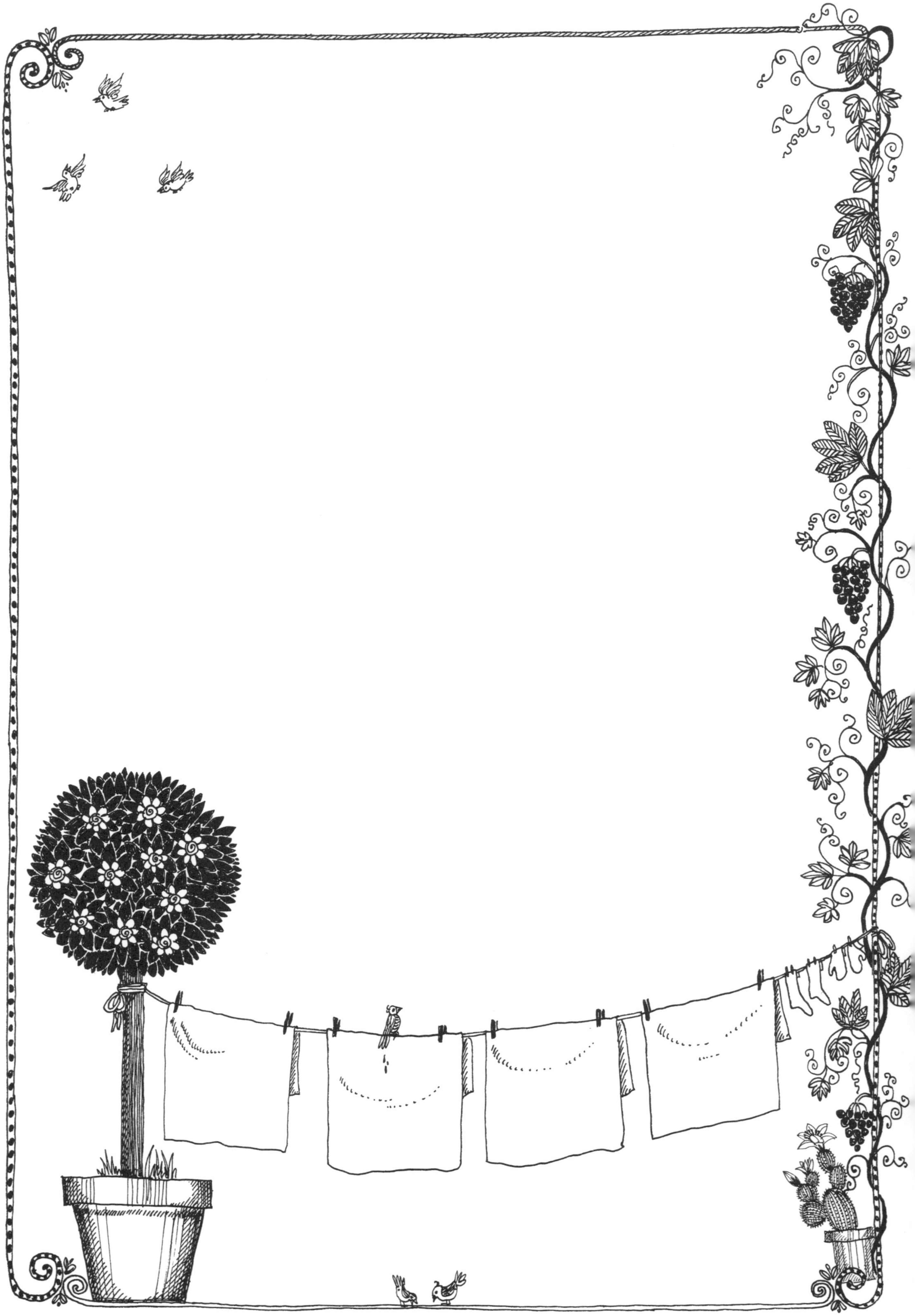

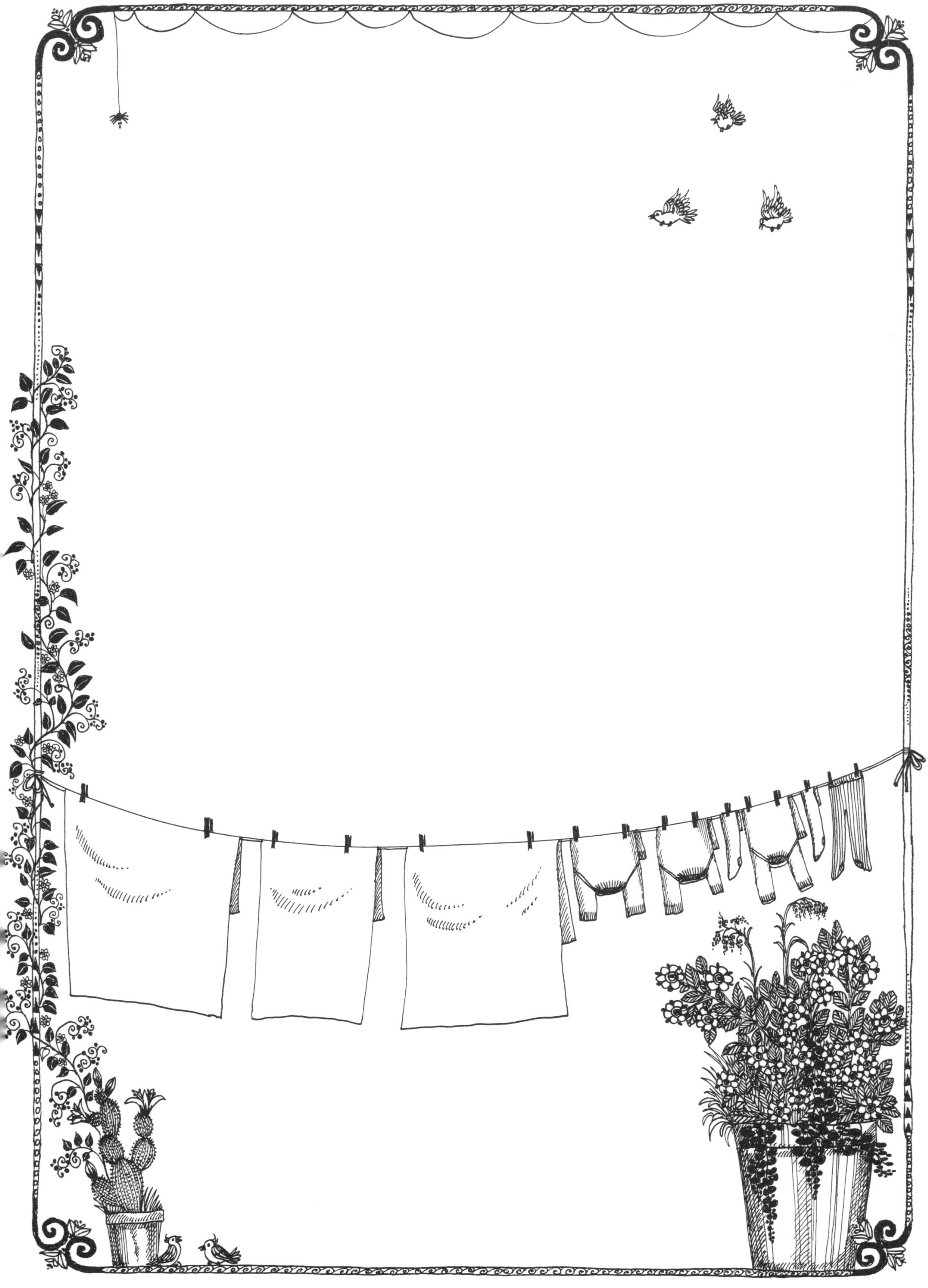

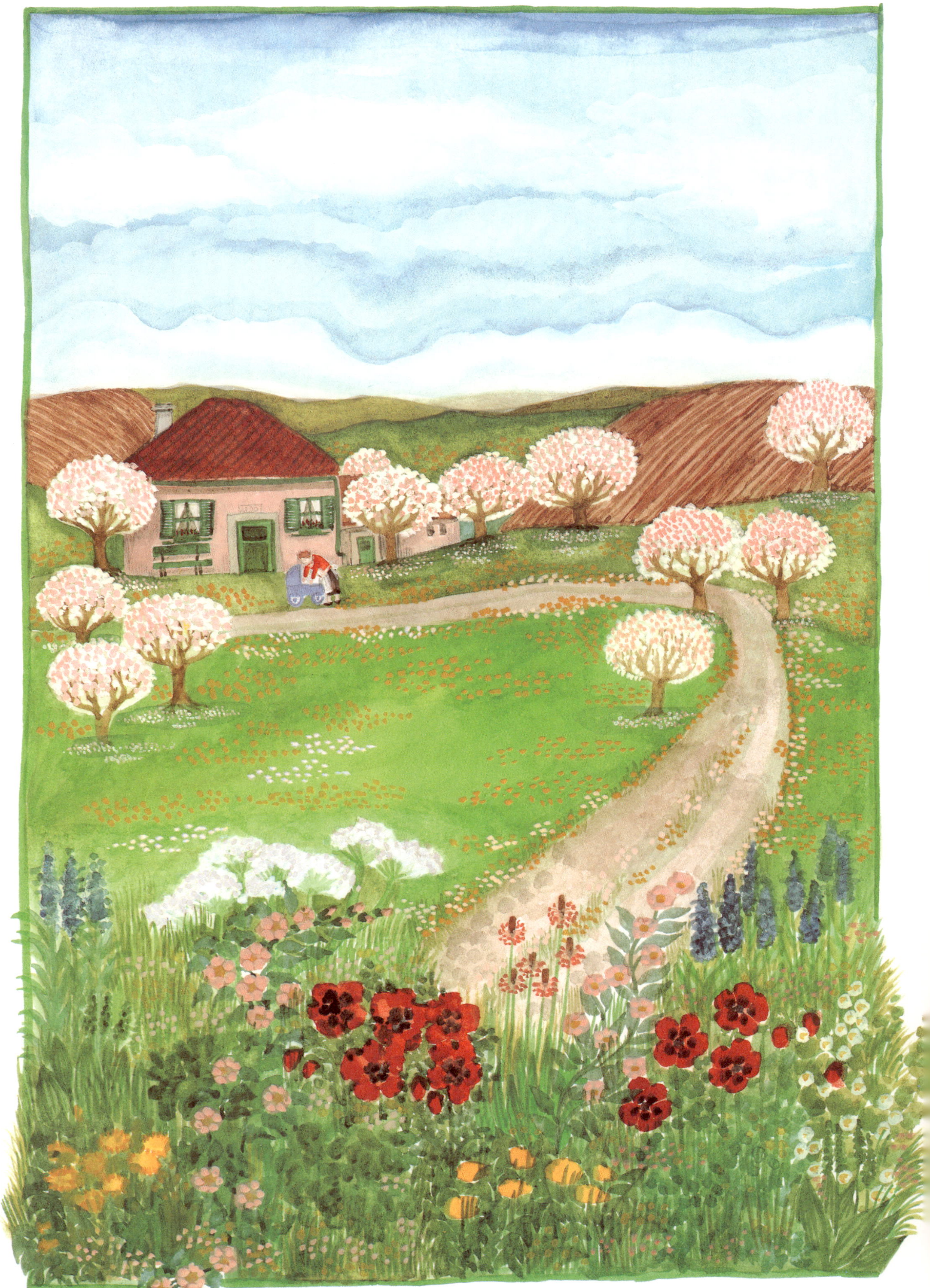

Willkommen zu Hause

Bilder und Tagebuch

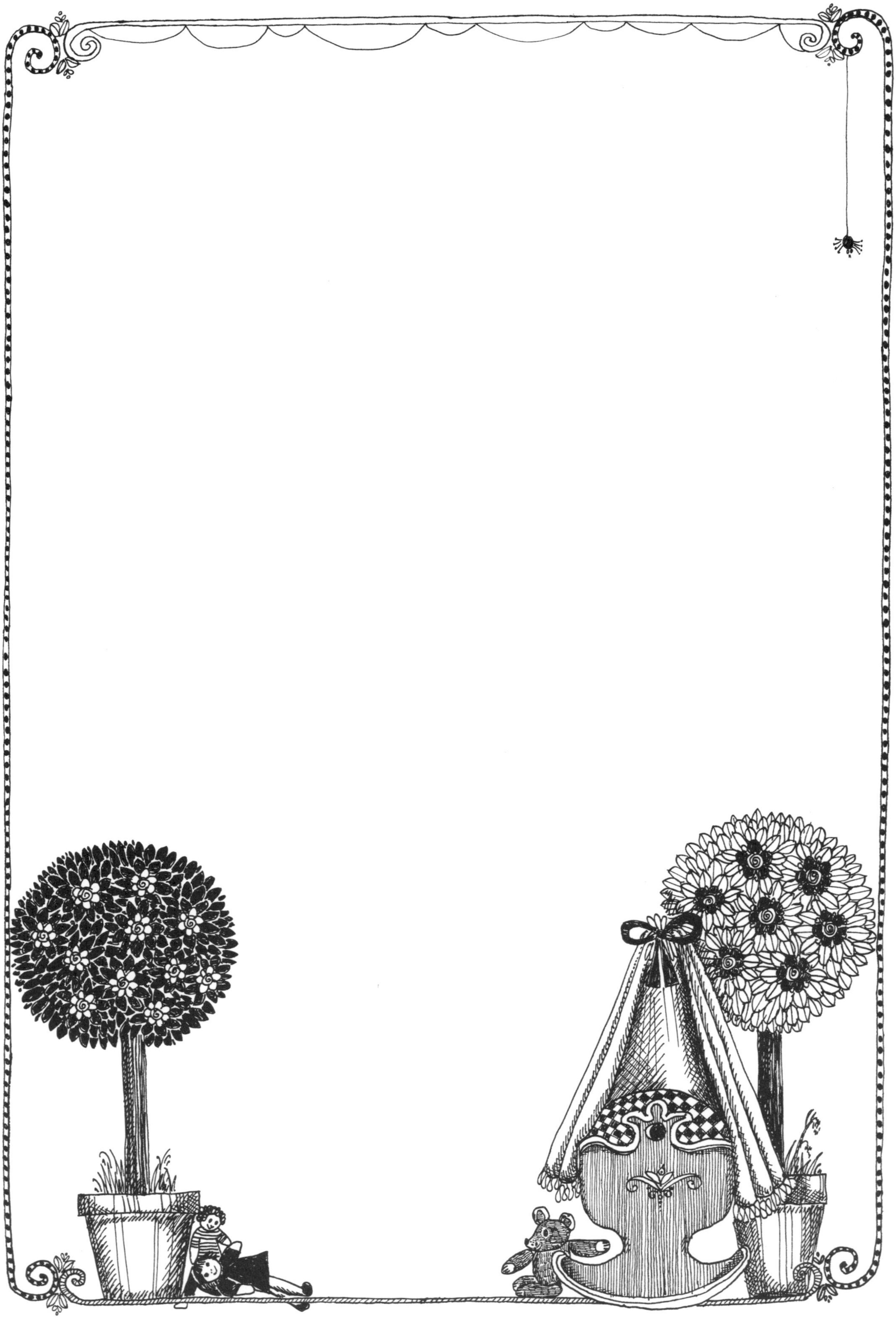

Die Jahreszeiten

Es war eine Mutter, die hatte vier Kinder,
den Frühling, den Sommer, den Herbst und den Winter.
Der Frühling bringt Blumen, der Sommer bringt Klee,
der Herbst, der bringt Trauben, der Winter bringt Schnee.

Tra ri ra
Der Sommer ist bald da,
Komm wir wolln im Garten
auf den Sommer warten......
Tra ri ra
Der Sommer, der ist da!!

Der Herbst ist da,
der Winter nah!
Nun füllet Korb und Kammer,
sonst gibt es Not und Jammer.

A B C,
Die Katze lief im Schnee, und als sie wieder kam, da hat sie weisse Stiefel an.

Meine Familie

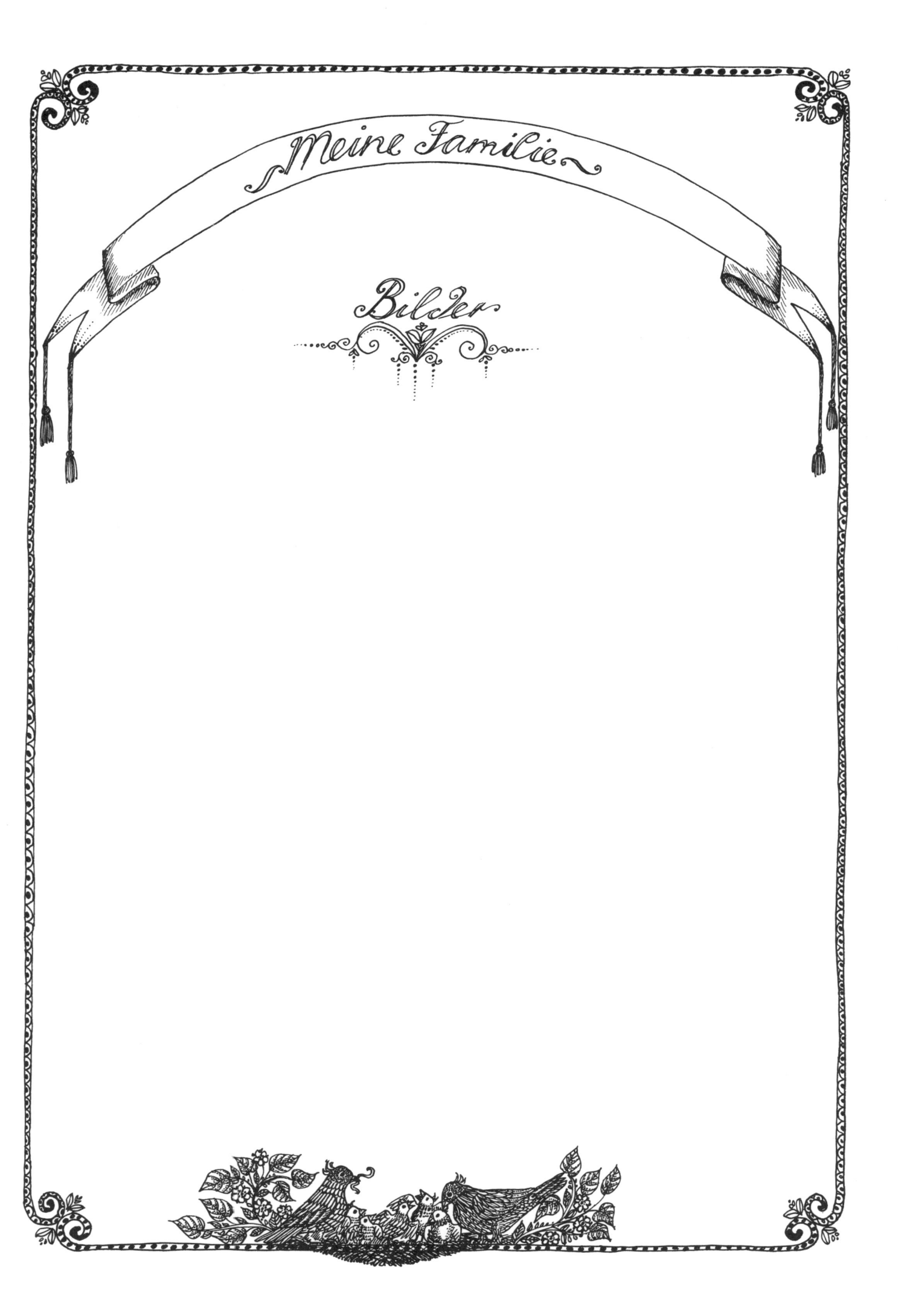

Bilder

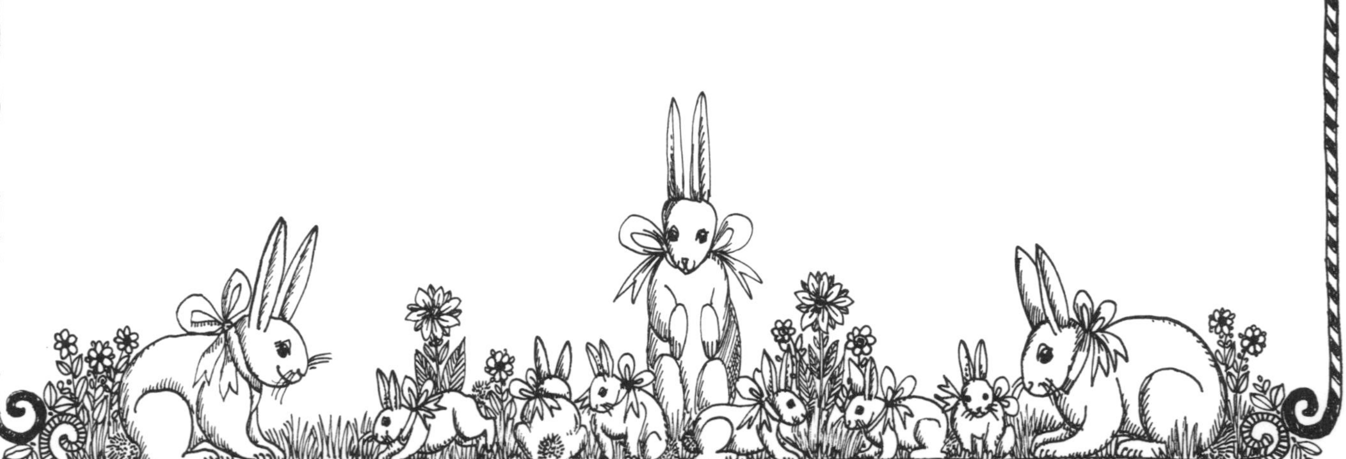

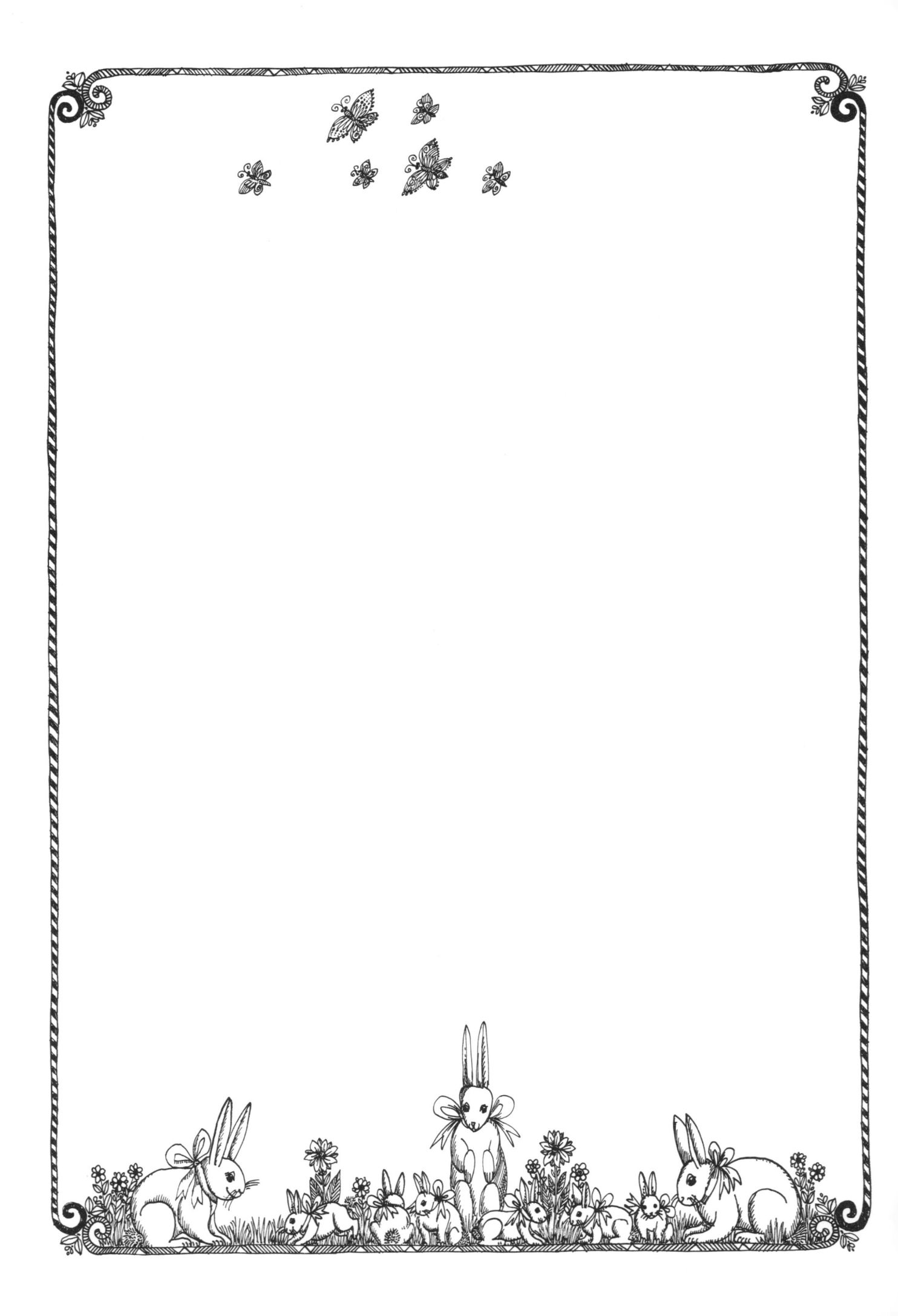

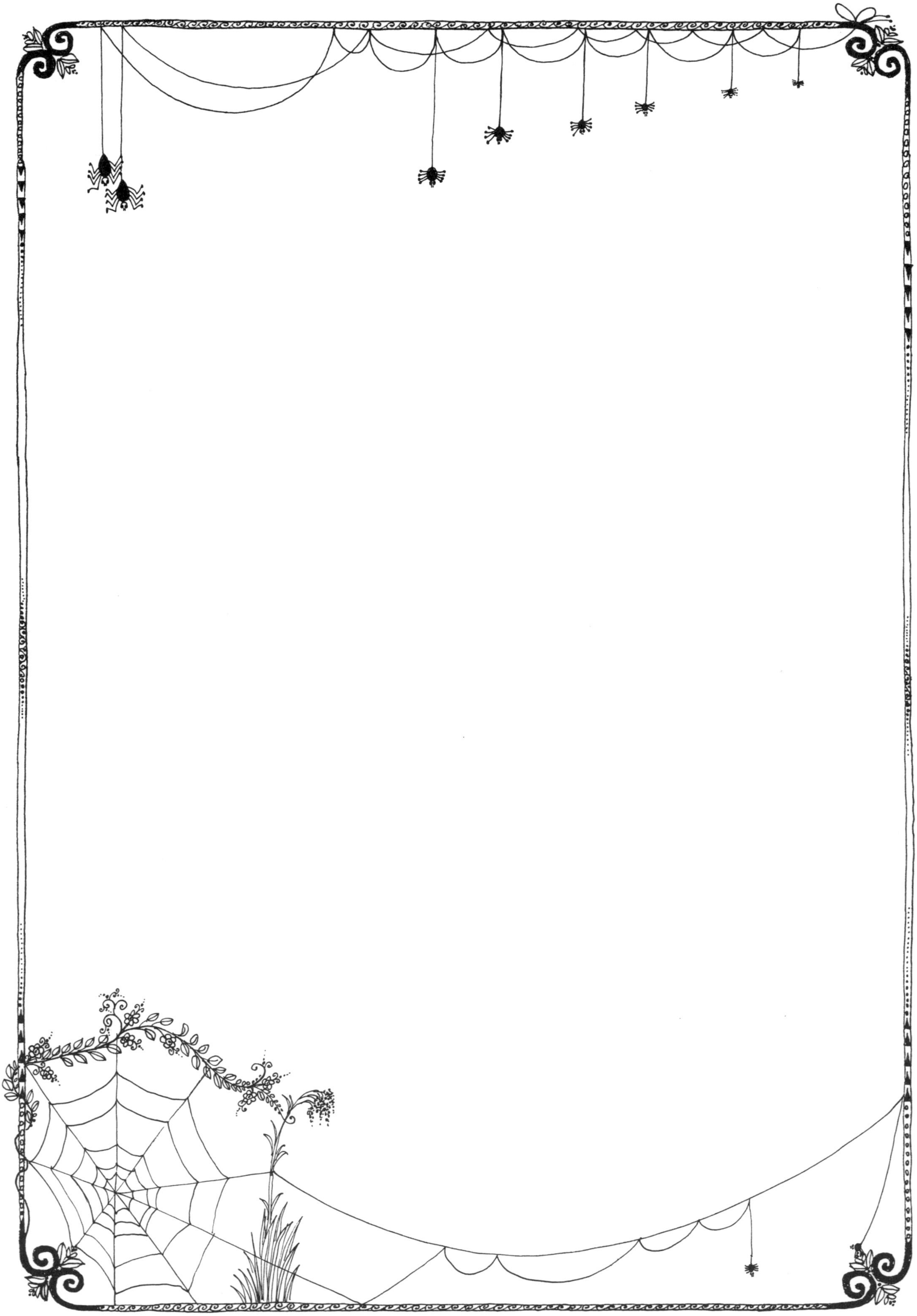

Schlafliedchen

Abends wenn ich schlafen geh,
vierzehn Engel um mich stehn:
Zwei zu meinen Häupten,
Zwei zu meinen Füssen,
Zwei zu meinen Rechten,
Zwei zu meiner Linken,
Zweie die mich decken,
Zweie die mich wecken,
Zweie die mich weisen
Zu den himmlischen Paradeisen.

Da oben am Berge, da wehet der Wind,
Da sitzet Maria und wieget ihr Kind,
sie wieget es mit ihrer schneeweissen Hand
und brauchet dazu kein Wiegenband.

Ich wünsch dir gute Nacht,
von Rosen ein Dach,
von Zimt eine Tür,
von Rosmarin einen Riegel dafür.

Schlaf, Herzli, schlaf,
bis der Hahn am morgen früh,
lustig ruft sein Güggeriguh!
schlaf, schlaf sieben Stund
bis der Vater wieder kummt.

Vater ist in Wald gegangen,
will dem Kind ein Vöglein fangen.
Schlaf, Herzli, schlaf,
dann wirst Du gross und brav.
Schlaf, Herzli, schlaf.

Die Taufe

Bilder und Tagebuch

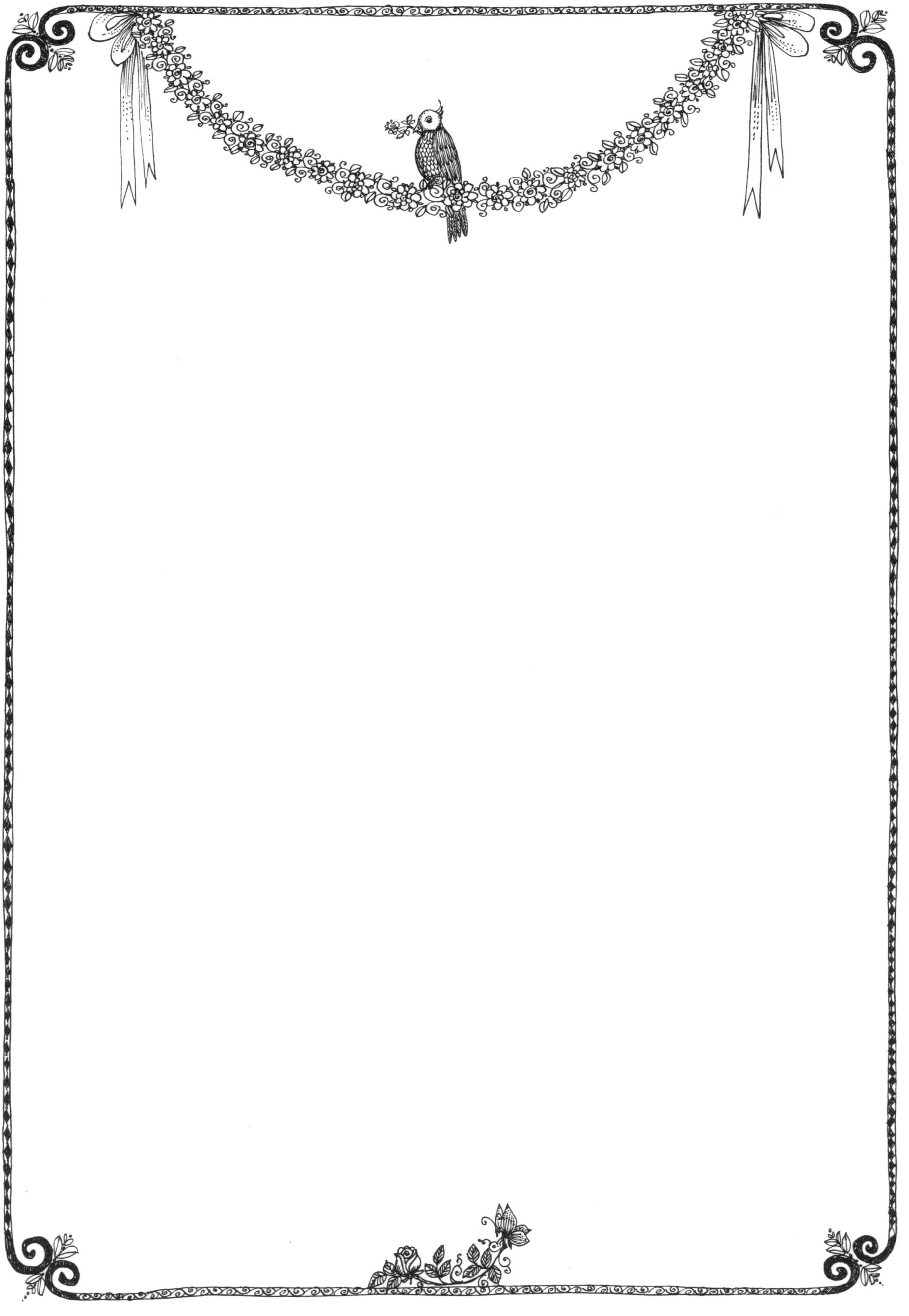

Wir bringen ein Kind zur Taufe.
Gott gebe, dass es bald rede und laufe.
Wir wünschen, dass es gedeihe,
und nicht soviel schreie!

von guten und schlechten Launen

Bilder und Tagebuch

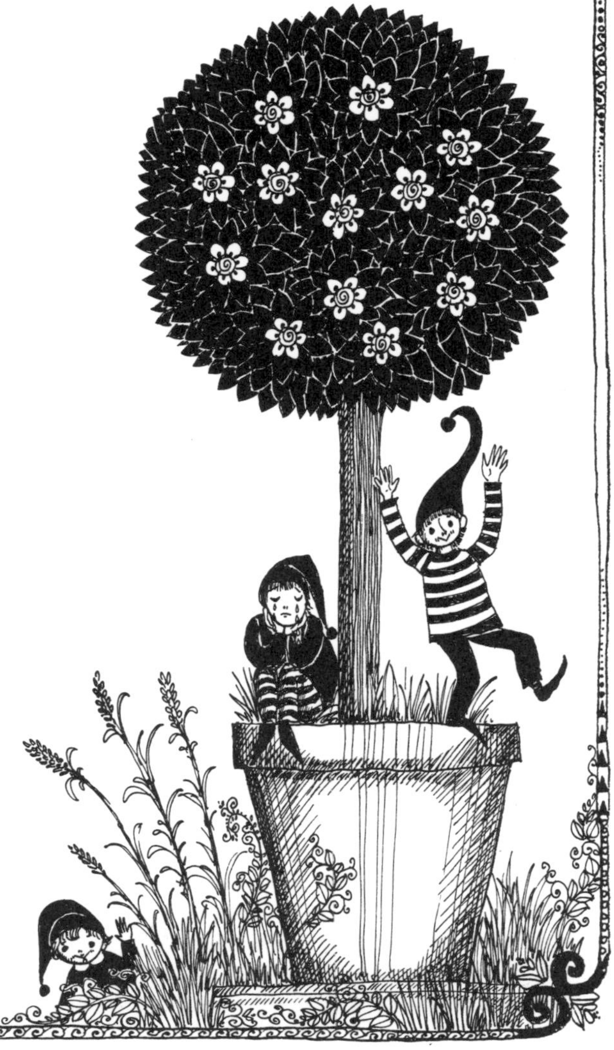

Es regnet, es regnet, es regnet seinen Lauf,
und wenns genug geregnet hat, dann hört es wieder auf.

Erde die uns dies gebracht, Sonne die es reif gemacht,
liebe Sonne, liebe Erde, euer nie vergessen werde.

vom Essen, Trinken und Spielen

Bilder und Tagebuch

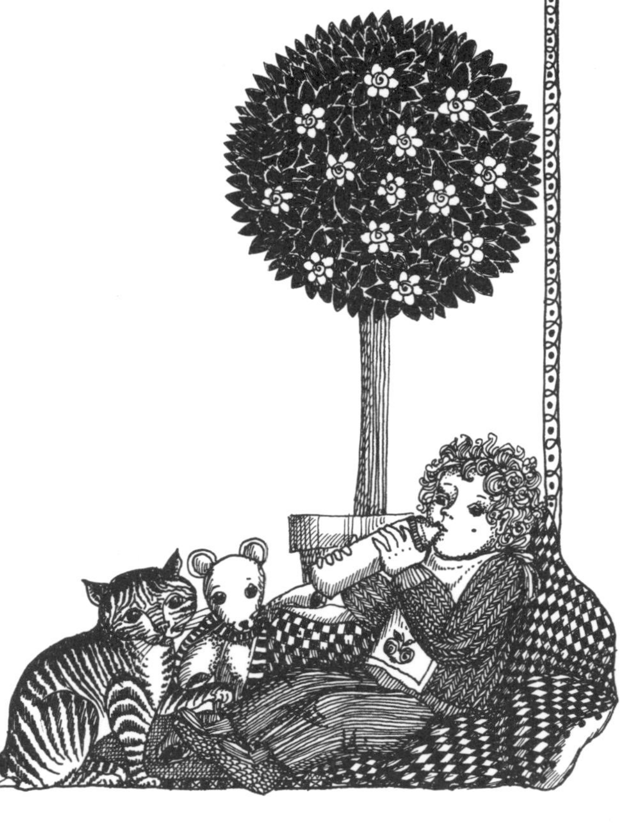

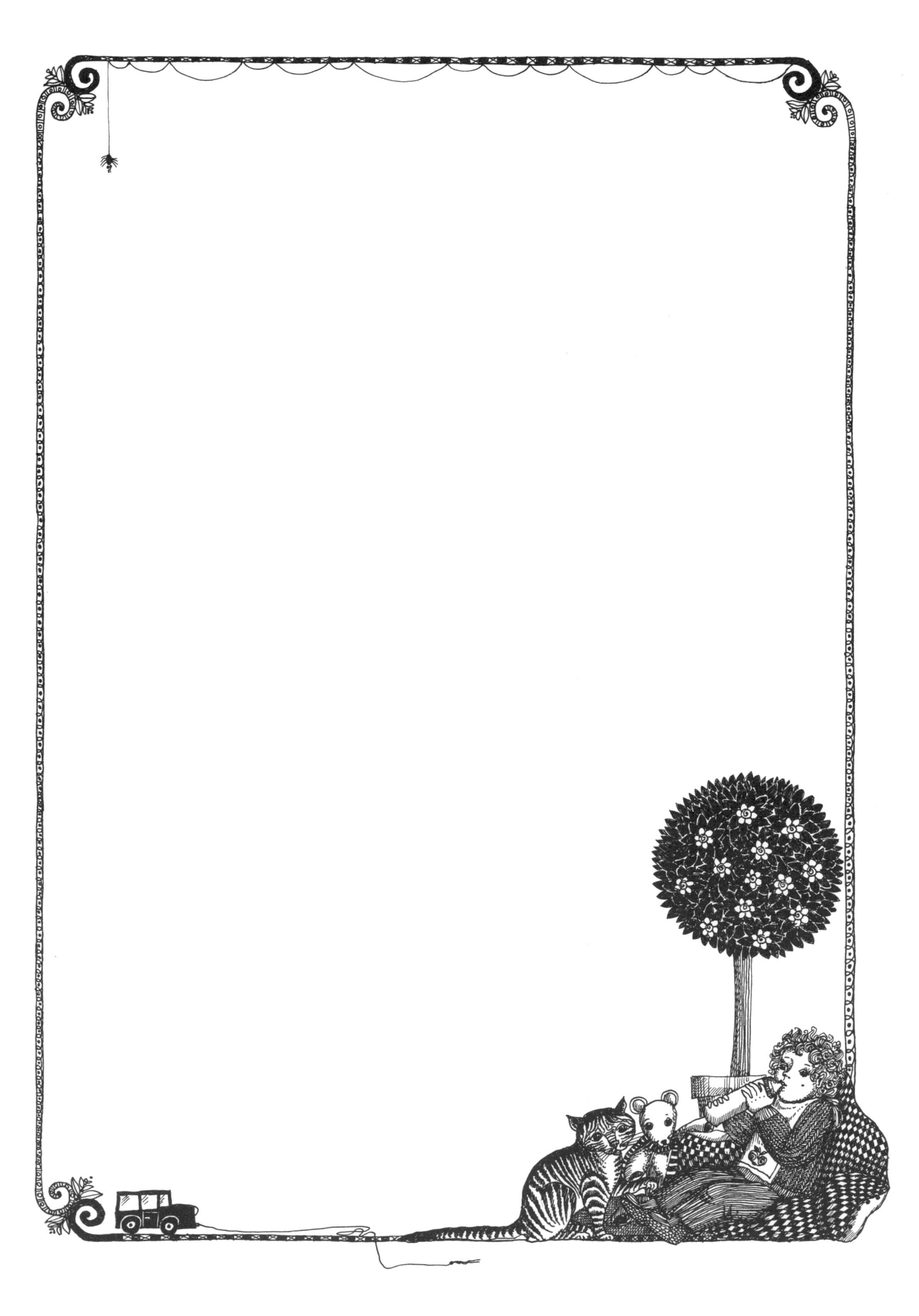

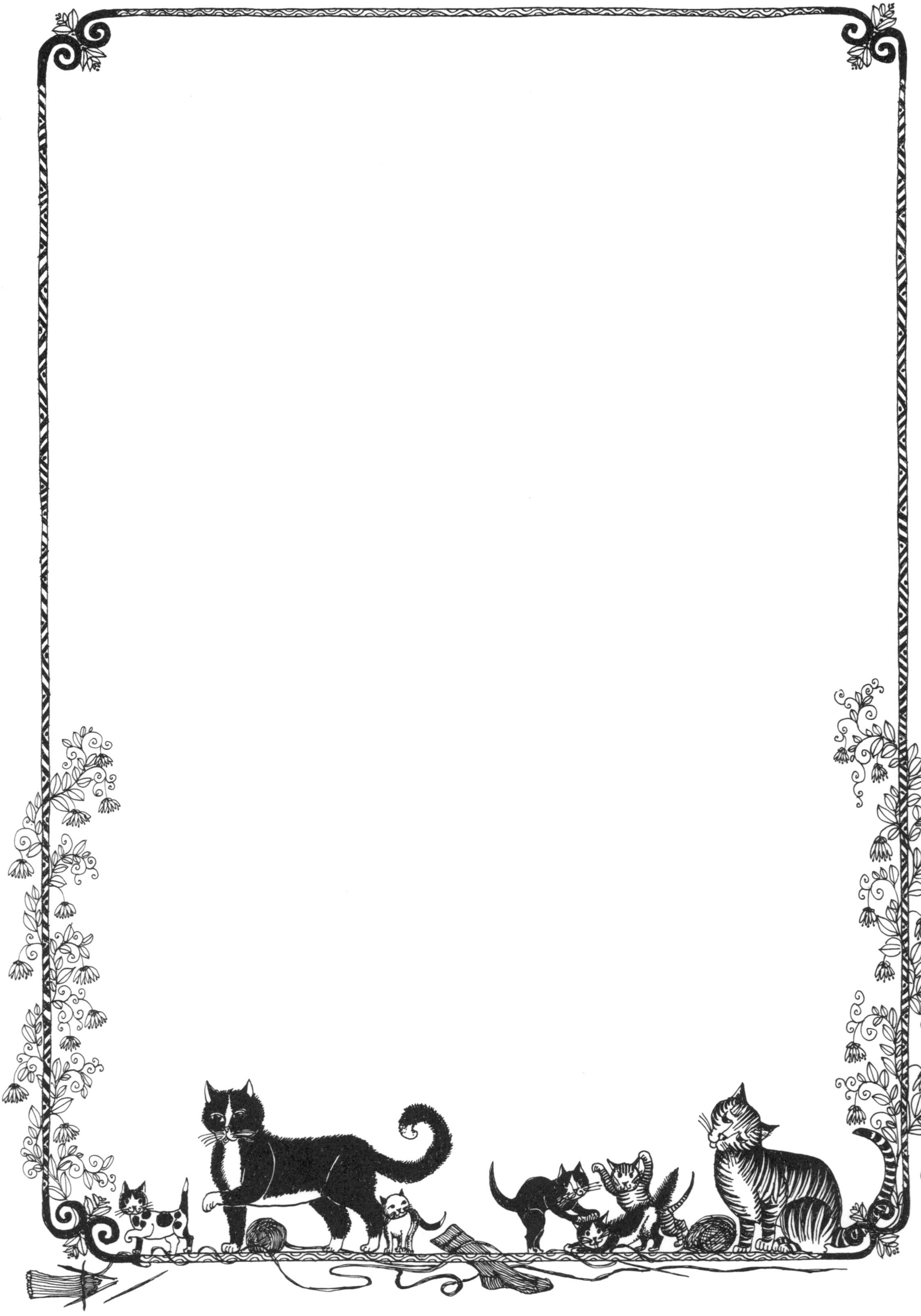

Feste

Bilder und Tagebuch

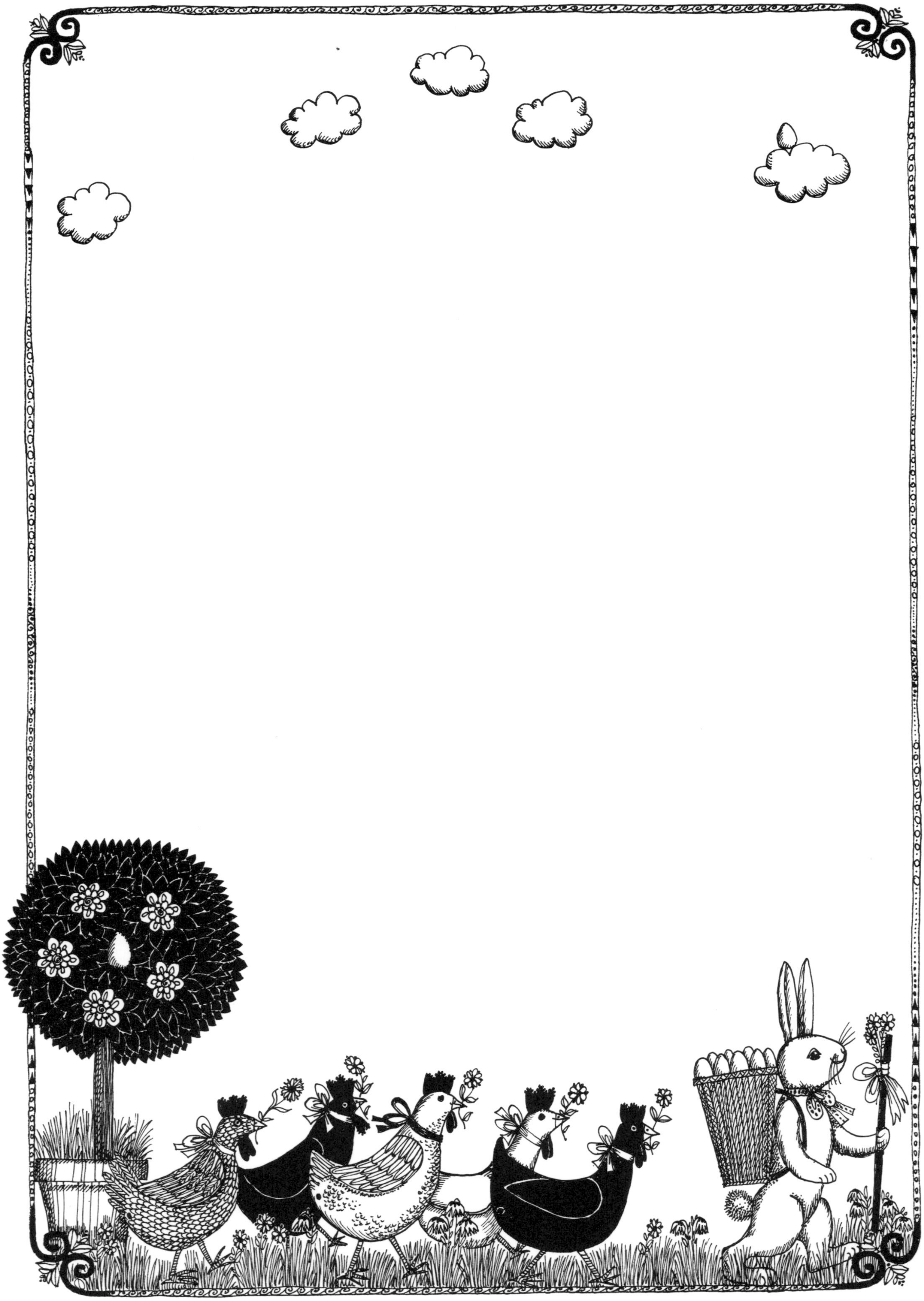

Ostern

Auf der Wiese grünem Rasen,
sitzen heut die Osterhasen,
sie malen bunte Eierlein,
für alle lieben Kinderlein.

Geburtstagswunsch
Ein Jährchen ist mein Bengelchen,
ein Jährchen ist mein Engelchen,
so bleib gesund und munter,
und werd der Jahrhundert!!

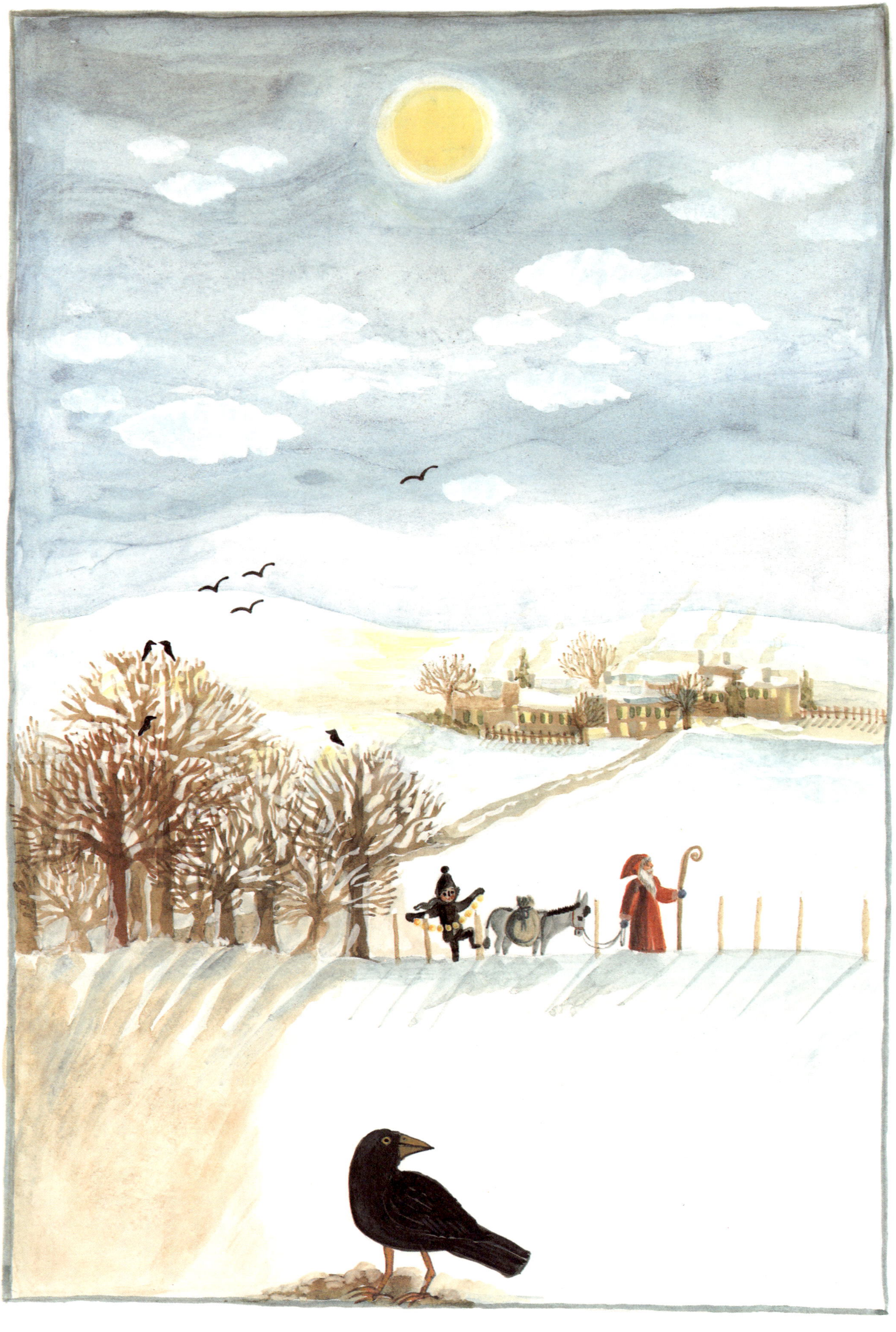

Und als der Heilige Abend war,
da jubelte die kleine Schar,
Da strahlt der Christbaum
hell von Kerzen,
Voll Spielzeug und
voll Zuckerherzen.

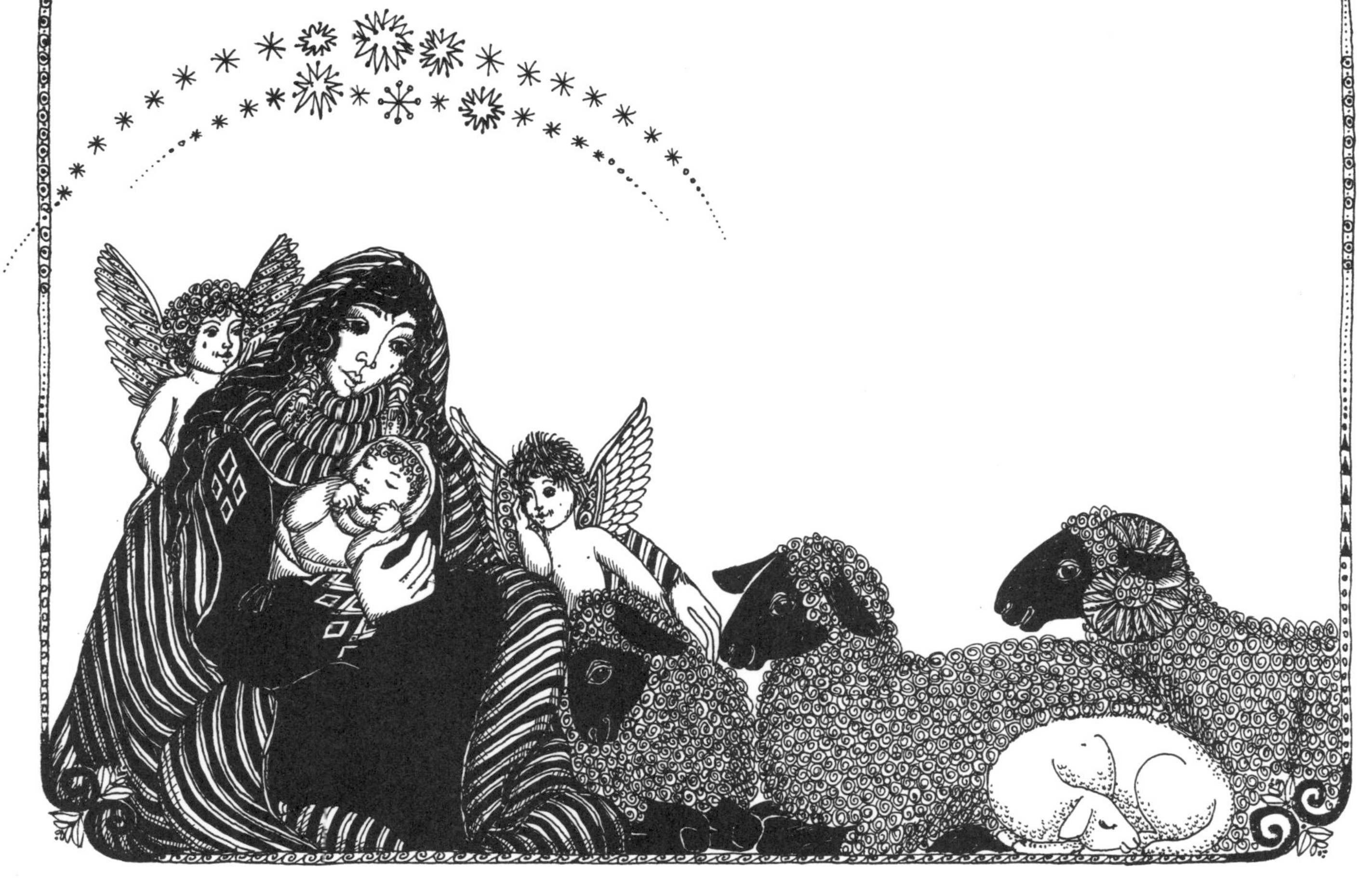

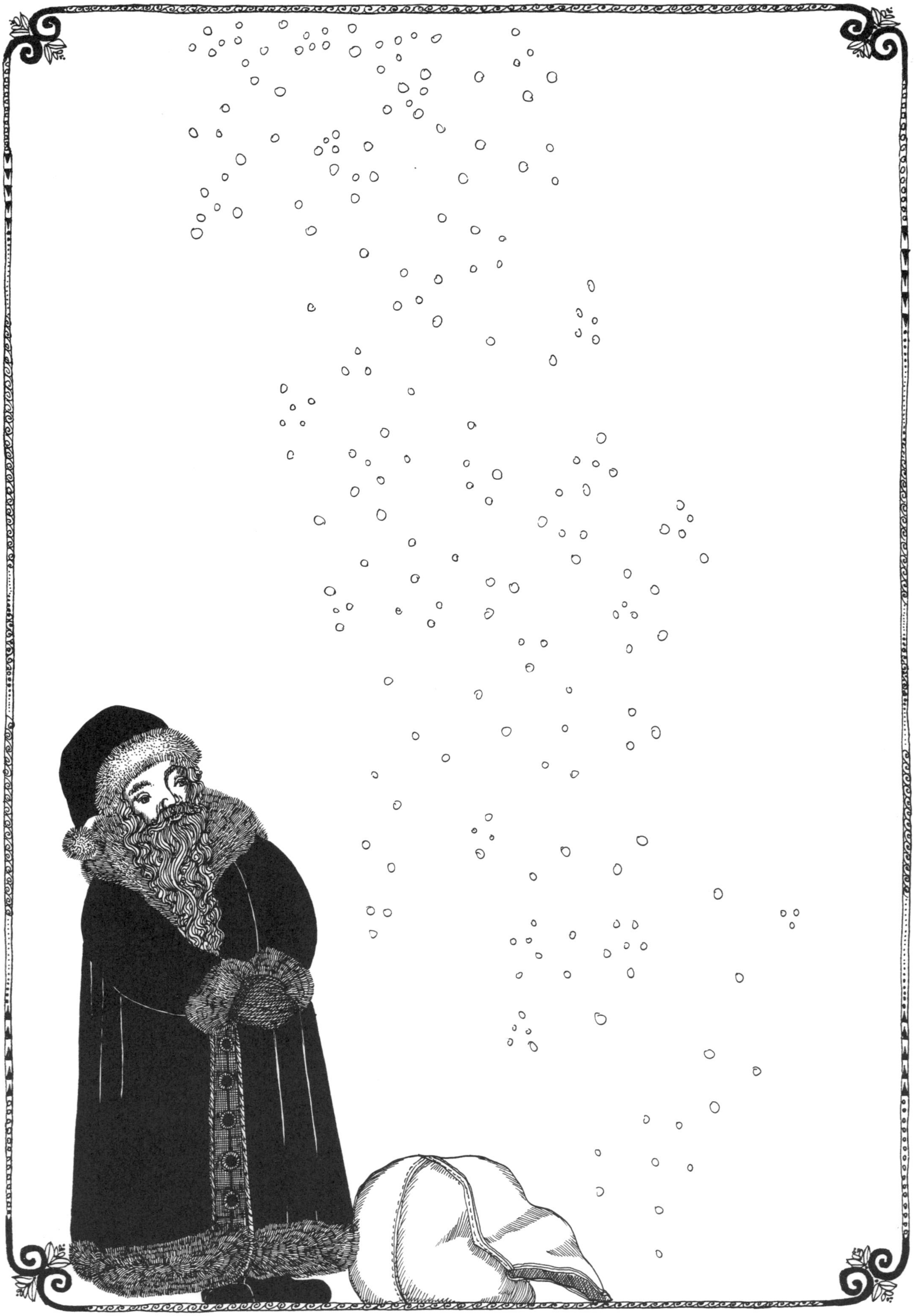

Die ersten Schritte

Bilder und Tagebuch

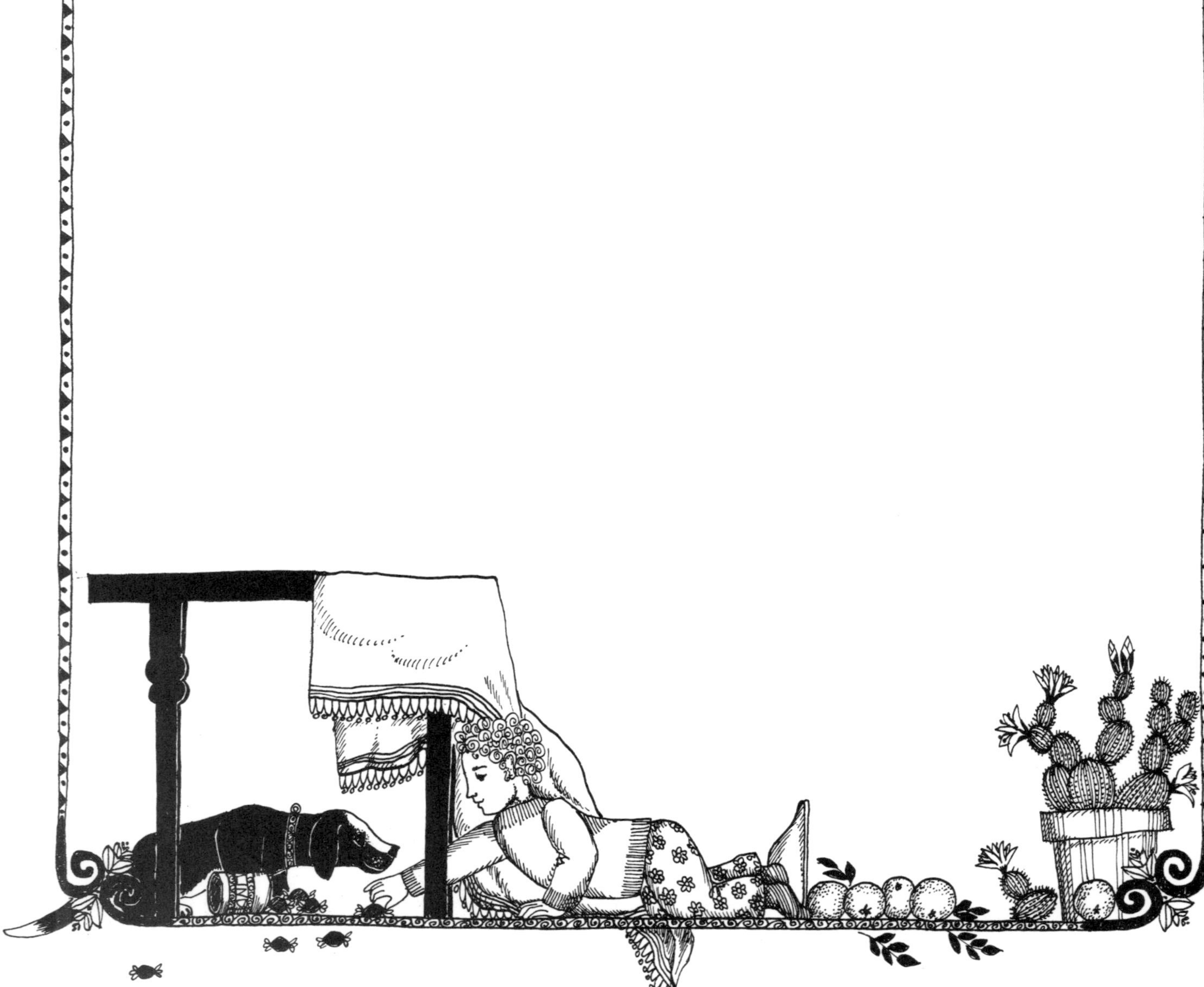

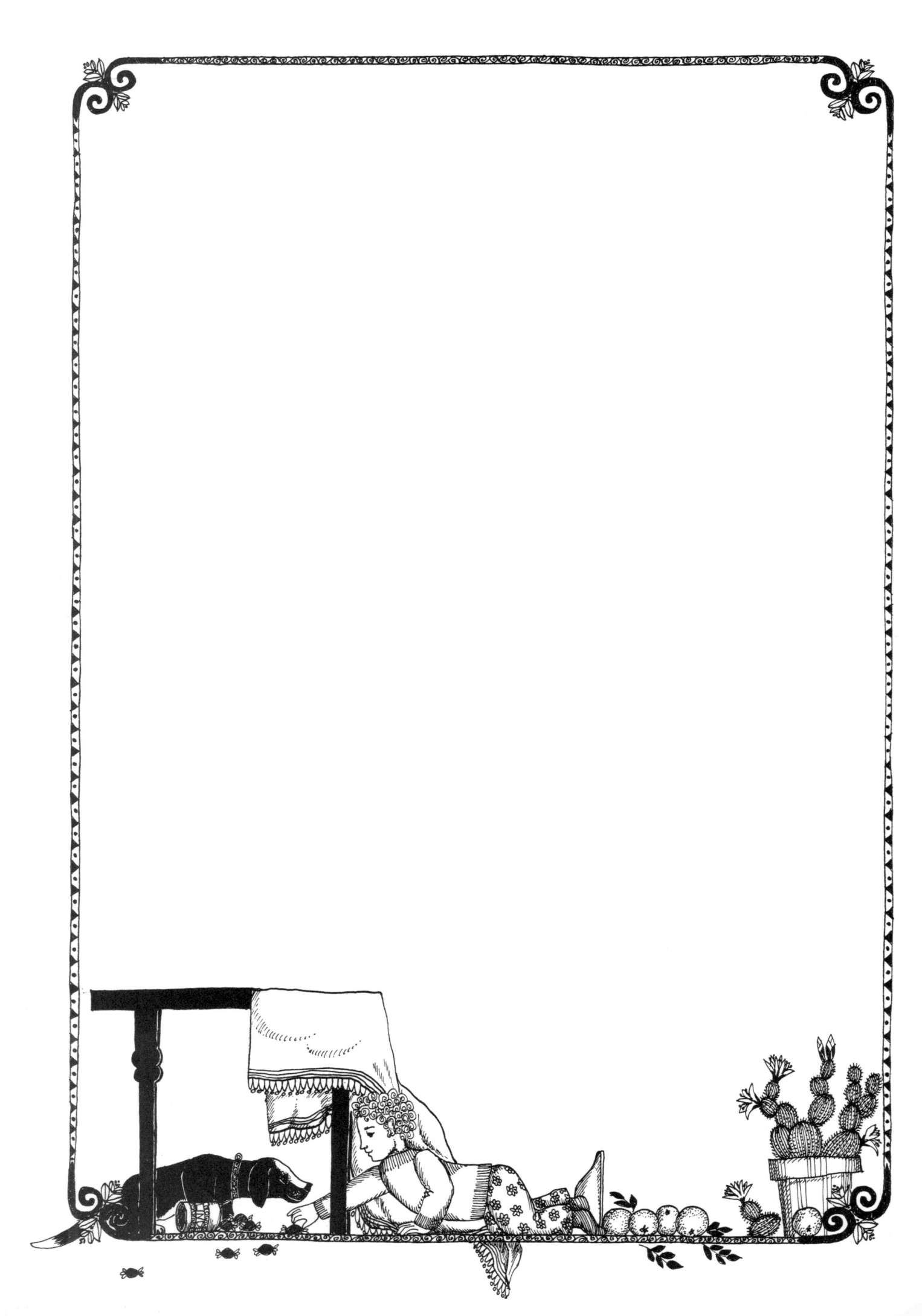

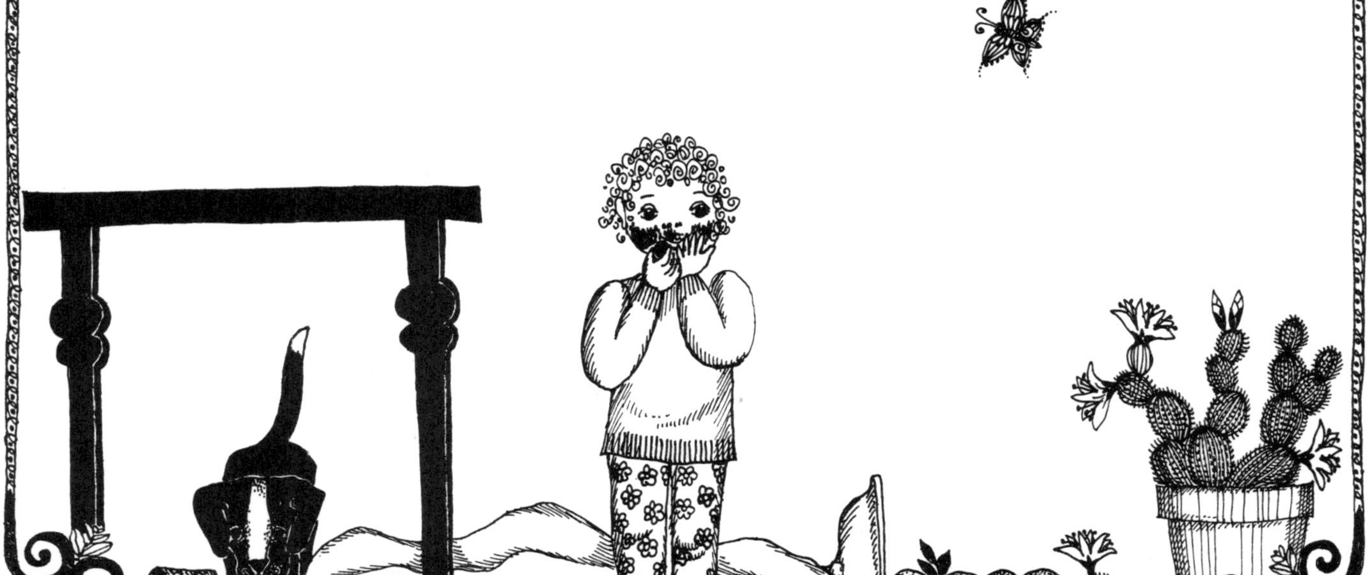

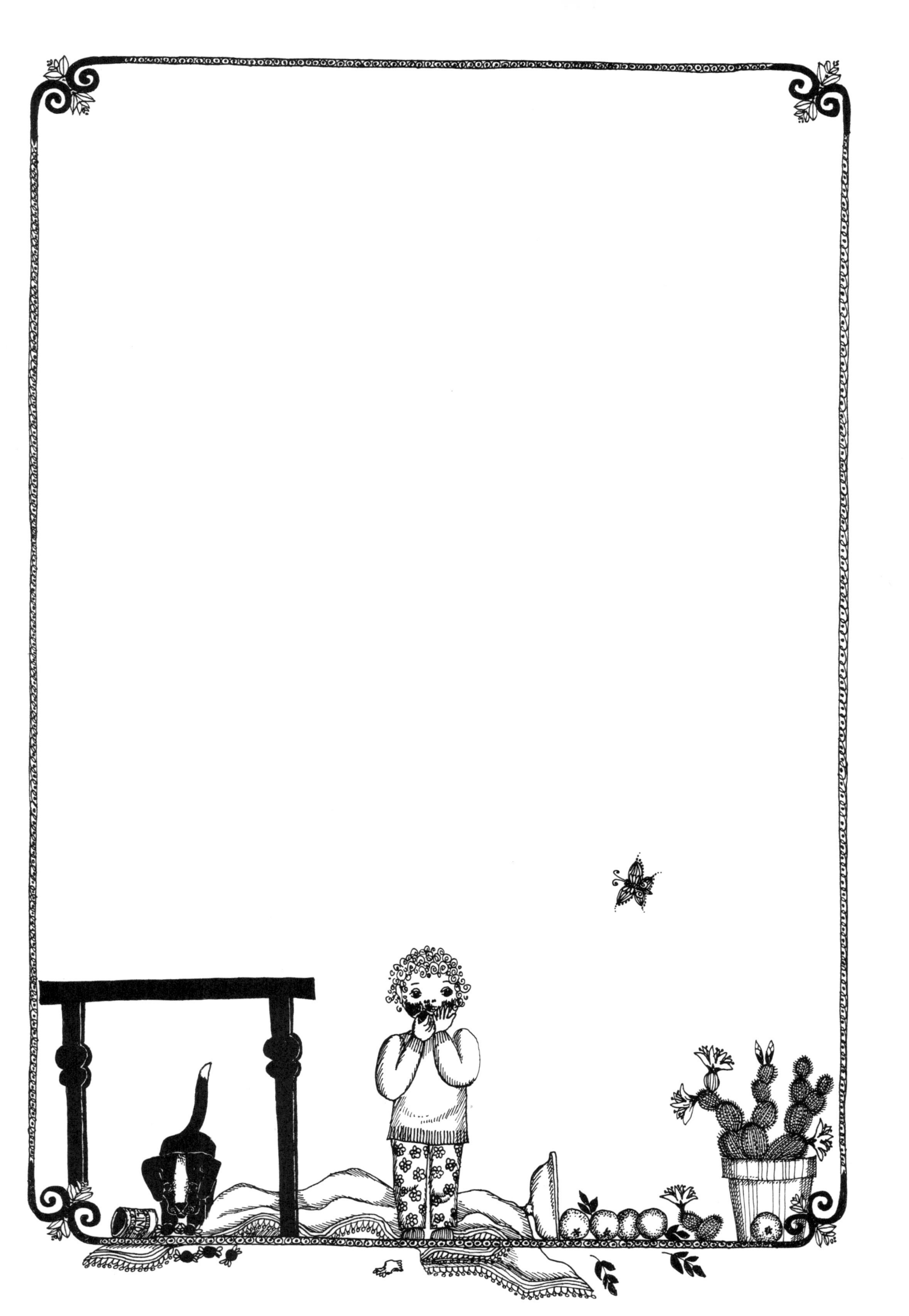

Die ersten Worte

Tagebuch

MAMA DADA
PAPA ♥ ADE

Der erste Zahn

Tagebuch

Viktoria! Viktoria!
Der kleine weisse Zahn ist da.
Du Mutter, komm, und Gross und Klein
Im Hause kommt und guckt hinein
und seht Den hellen, weissen Schein.

Der Zahn soll Alexander heissen
Du liebes Kind, Gott halt ihn dir gesund
und geb Dir Zähne mehr in Deinen kleinen
Mund — und immer was dafür zu beissen.

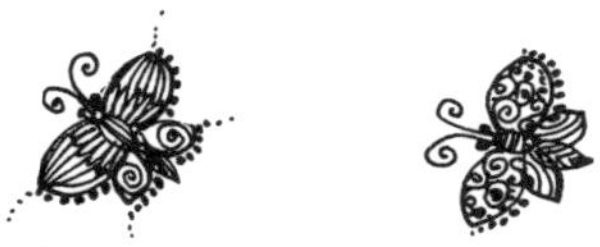

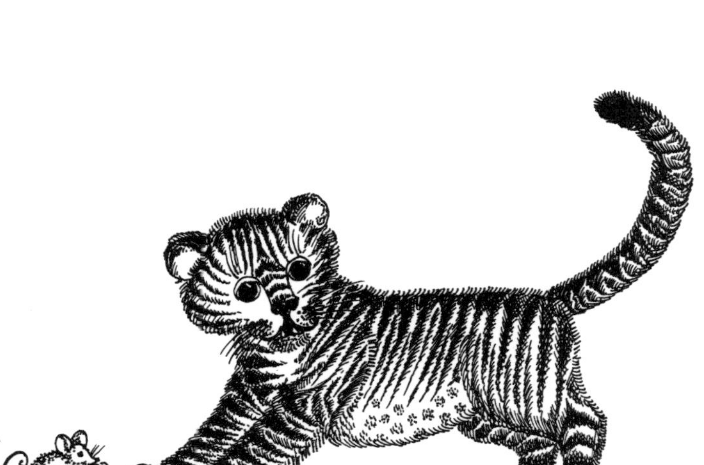

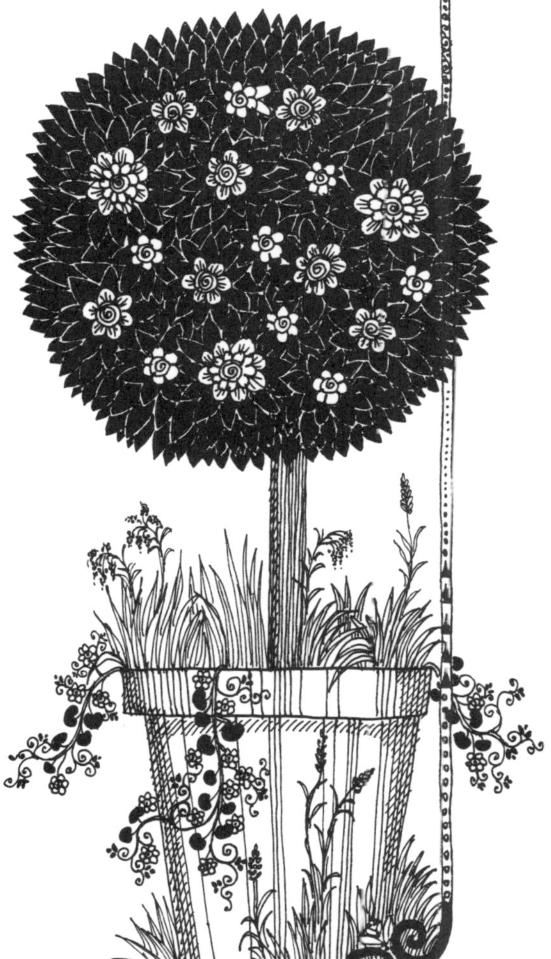

Viel Glück und viel Segen auf all deinen Wegen, Gesundheit und Wohlstand sei auch mit dabei!

Aquarelle und Zeichnungen
von Regula Schmid

Hallwag Verlag Bern und Stuttgart

© 1982 Hallwag AG. Bern
ISBN 3 444 10303 4

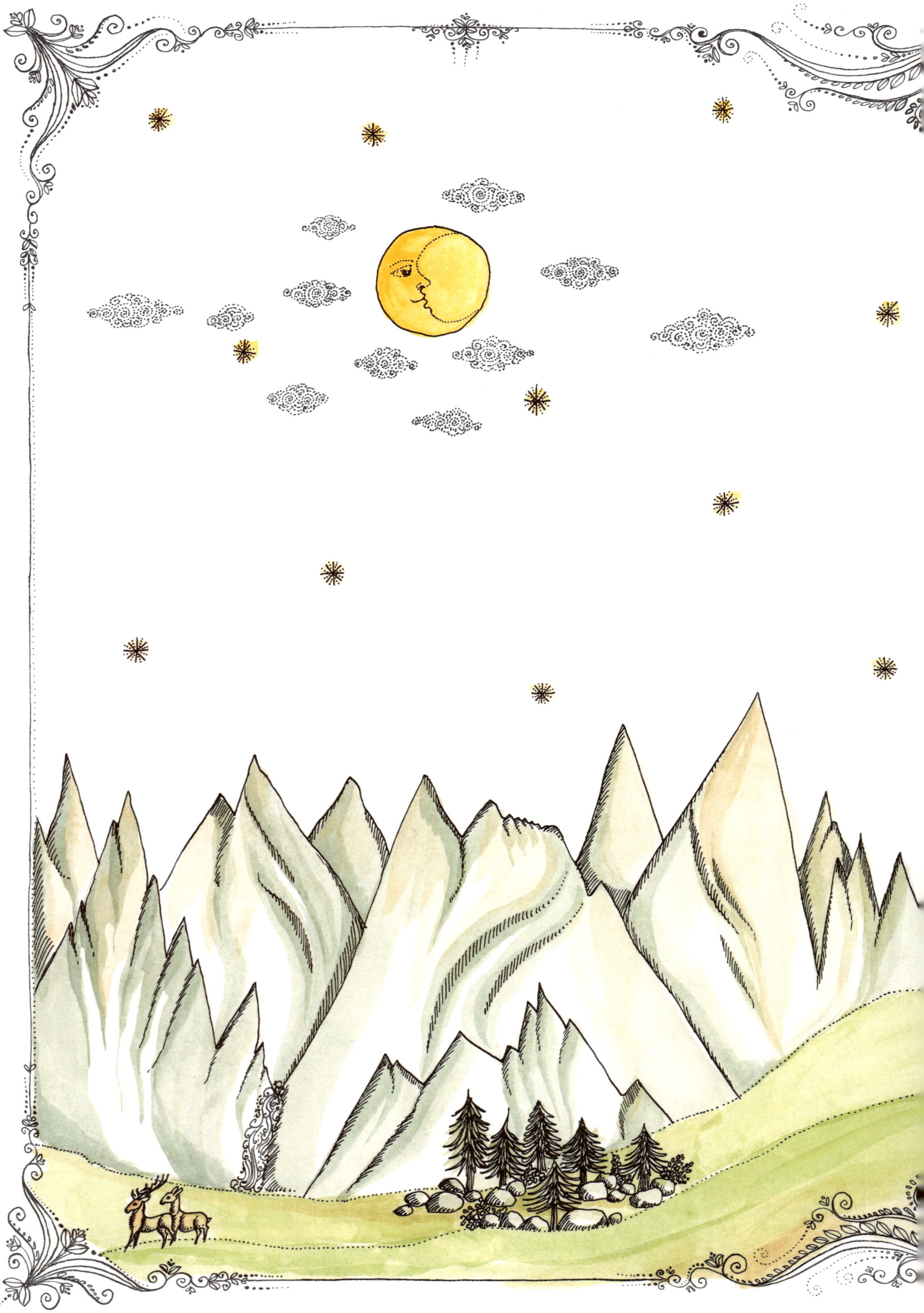